AF321256

Le Bosphore et la Mer Noire —
Le Globe 1875

LE BOSPHORE ET LA MER NOIRE

Dans un mémoire lu devant la Société de Géographie de St-Pétersbourg et reproduit partiellement dans les *Mittheilungen* de la Société de Vienne, M. Veniukoff recommande, comme une des œuvres scientifiques les plus urgentes, de procéder au nivellement du Bosphore afin de résoudre diverses questions fort importantes de physique terrestre. Sa proposition sera certainement bien accueillie. Il est, en effet, nécessaire que l'on s'occupe de fixer le niveau relatif de toutes les mers de la Russie et de l'Orient, et que l'on sache enfin si la mer Noire est plus haute que la Méditerranée, si le Bosphore et le détroit des Dardanelles doivent être assimilés à de véritables fleuves s'écoulant par des lits en pente d'une mer à l'autre mer.

En attendant que l'observation directe ait prononcé, le savant russe émet l'hypothèse formelle que le Pont-Euxin est plus élevé que la Propontide, et que le courant de sortie dû au trop plein de ses eaux n'est point compensé par un contre-courant venu de la Méditerranée. M. Veniukoff a eu l'avantage d'étudier

sur les lieux mêmes le courant du Bosphore, et l'observation personnelle donne en conséquence à ses ar-
guments une autorité toute particulière[1]. Ceux qui
professent une opinion contraire à la sienne et qui
voient dans les détroits de Constantinople et de Galli-
poli des portes où se croisent les courants d'échange
entre les deux mers, sont donc tenus de reviser leur
hypothèse et de l'appuyer, s'il est possible, sur des
preuves nouvelles. Telle est la raison pour laquelle
je crois devoir raisonner à nouveau mes propres idées,
d'autant plus que, dans son mémoire, M. Veniukoff
a eu l'amabilité de me prendre personnellement à partie. Je prie la Société de Géographie de vouloir bien
m'écouter avec indulgence.

Au premier abord, il semblerait incontestable que
la mer Noire est plus haute que la Propontide, puisqu'il s'en écoule une masse d'eau considérable, dont la
vitesse, dans les parties resserrées du Bosphore, n'est
pas moindre de huit kilomètres à l'heure ; c'est là ce
redoutable courant, dit de « Satan, » dont les rameurs
ont tant de peine à triompher. A la vue de ce puis-
sant fleuve marin, on se sent tout naturellement porté
à croire qu'il coule en pente inclinée comme les fleuves terrestres.

Toutefois, l'apparence ne suffit point pour mettre
ce fait hors de doute. L'exemple des grands courants
océaniques prouve que les eaux peuvent s'écouler dans
un sens ou dans un autre, sous la seule influence de

---

[1] Il faut dire cependant que les observations faites en 1872,
à bord du navire anglais le *Shearwater*, autorisent une conclusion
absolument opposée à celle du savant russe. Sans nous prévaloir
de ces observations, nous nous bornerons à la discussion théorique
de la question. (*Note ajoutée par l'auteur après la lecture en séance.*)

la salinité et de la température, sans être sollicitées
par la pesanteur. L'eau du golfe du Mexique s'épanche dans l'Océan par le détroit de Bémini sans que
le courant forme de déclivité. De même, les flots de
l'Atlantique pénètrent dans la Méditerranée en un
fleuve d'au moins 100,000 mètres cubes par seconde,
sans que pour cela il y ait, entre les deux bassins, la
moindre différence de niveau. Le détroit de Gibraltar
est une porte à double fin : elle sert à la fois au grand
courant océanique et aux petits courants méditerra-
néens qui marchent en sens inverse. D'un côté, arri-
vent les eaux qui compensent la masse liquide évaporée dans le bassin de la Méditerranée; de l'autre côté,
l'eau plus saline de la mer s'évacue latéralement vers
l'Océan. Ainsi se maintient le double équilibre du niveau et de la salinité.

Un phénomène de même ordre se passerait-il dans
le détroit de Constantinople ? Tandis que le grand
courant s'échappe de la mer Noire pour descendre au
sud, des courants latéraux ou sous-marins plus petits
sortiraient-ils de la mer de Marmara pour se diriger
vers le nord, et serait-ce à eux que l'on pourrait at-
tribuer la proportion considérable de sel qui se trouve
dans les eaux du Pont-Euxin ? C'est là ce qu'admet-
tent la plupart des géographes. Il est vrai que M. Veniukoff n'a pu suivre les courants latéraux qu'à une
faible distance à l'entrée méridionale du Bosphore,
et que ces courants lui ont paru avoir les allures de
simples remous locaux ; c'est en vain qu'il les a cher-
chés dans le corps même du détroit. Mais nulle observation sous-marine ne lui permet de nier l'existence de contre-courants profonds; or, c'est précisément l'hypothèse de ces bas-courants d'eau plus

saline, et par conséquent plus lourde, que l'on avait cru jusqu'à maintenant pouvoir admettre pour expliquer la salure de la mer Noire.

Les observateurs futurs élucideront ces questions par leurs opérations de nivellement et de sondage ; mais, dès maintenant, il est possible, croyons-nous, d'établir par le raisonnement l'existence du contre-courant du Bosphore. Les faits que l'on connaît déjà suffisent pour fournir un solide point d'appui.

M. Veniukoff évalue à un peu plus de 26,000 mètres cubes par seconde la quantité d'eau qui s'épancherait par la cuvette la plus étroite du Bosphore, entre Rouméli-Hissar et Anadoli-Hissar, si le courant de sortie, comme il lui paraît presque certain, l'occupait en entier. Moi-même, dans l'ouvrage *La Terre*, j'avais évalué la portée probable du courant, en supposant qu'il ne glisse pas sur les eaux d'un contre-courant inférieur, à une quantité à peu près égale, soit à 27,000 mètres cubes. Ces chiffres répondent-ils exactement à l'excédant de liquide apporté dans le bassin de la mer Noire par les fleuves tributaires ? Telle est la question qu'il s'agit de résoudre tout d'abord.

Le débit d'un fleuve seulement nous est à peu près connu, mais ce fleuve est le plus important de tous. Quoi qu'en dise M. Veniukoff, par une singulière et inexplicable méprise, l'apport liquide moyen du Danube dans la mer Noire a été mesuré. M. Hartley et les autres ingénieurs de la Commission européenne, installés à la Soulina, ont dû jauger le fleuve avec soin, afin de construire à bon escient les digues et les jetées qui assurent à la navigation un tirant d'eau moyen de 5 à 6 mètres. Quoique les évaluations diverses varient entre 9,000 et 11,950 mètres cubes, on doit s'en tenir provisoirement au module indiqué par M. Hartley. Il ressort de ses observations que le débit moyen du Danube serait de 9,180 mètres, soit environ le tiers de l'eau qui pourrait s'épancher par le fleuve marin de Constantinople. Les autres cours d'eau qui se déversent dans la mer Noire forment-ils à eux tous les deux autres tiers de cette masse liquide ? Cela ne paraît point probable, et par plusieurs raisons.

En premier lieu, la surface tout entière égouttée dans le Pont-Euxin par les fleuves autres que le Danube, en Russie, dans la Caucasie, en Asie Mineure, n'est guère plus considérable que le seul bassin danubien. Tandis que celui-ci est de 805,000 kilomètres carrés, tous les autres bassins qui déversent leurs eaux dans la même mer ont à peu près un million de kilomètres carrés, soit un cinquième en sus. Si la quantité d'eau tombée et si la proportion annuelle d'évaporation étaient les mêmes dans les bassins respectifs, la part de tous les fleuves autres que le Danube serait de onze mille mètres cubes environ ; et l'ensemble des apports fluviaux s'élèverait à 20,000 mètres cubes, quantité qui ne serait pas suffisante pour alimenter le courant présumé du Bosphore.

Mais nous avons admis un instant que les conditions étaient les mêmes pour le Danube et pour les autres affluents de la mer Noire, ce qui n'est pas exact. Les pluies sont beaucoup moins abondantes dans les bassins du Dniester, du Dnieper, du Don, du Kizil-Irmak, qu'elles ne le sont dans celui du Danube, et nous avons des raisons de croire que l'évaporation y est plus forte. Sur le versant septentrional des Alpes autrichiennes et bavaroises, la précipitation annuelle

des pluies est en maint endroit de 100, 120 et même
150 centimètres, et nulle part elle n'est moindre de
80 centimètres ; dans les parties basses du bassin,
notamment dans la plaine hongroise, la précipitation
est, il est vrai, de beaucoup inférieure, et dans quelques endroits, à Pesth par exemple, elle n'atteint pas
même un demi-mètre. En certaines parties de la Rou-
manie, qui sont de véritables steppes, les pluies, qui
d'ailleurs n'ont pas été mesurées jusqu'à présent, sont
certainement moins abondantes encore ; mais si l'on
tient compte du grand nombre de montagnes boisées
qui s'élèvent sur le territoire danubien et qui arrê-
tent les nuages dans leur marche, on peut en inférer
qu'entre le minimum de 40 et le maximum de 160
centimètres, la moyenne générale des pluies danu-
biennes ne peut être que très-faiblement inférieure à
celle de la France occidentale. De l'ensemble des observations udométriques faites dans les diverses villes de l'Austro-Hongrie, il nous semble que la moyenne
de 70 centimètres pour tout le bassin danubien doit
se rapprocher beaucoup de la vérité. L'étendue de
ce bassin étant évaluée à 805,000 kilomètres carrés
environ, il en résulte que l'écoulement de 9180 mètres cubes à la seconde correspond à une tranche annuelle de 36 centimètres d'eau, uniformément répan-
due sur tout le territoire. Cette proportion du budget
hydrologique, entre la recette des pluies et le débit
fluvial, est un peu différente de celles que les longues
études comparées ont donné pour tous les fleuves de
France. Tandis que ceux-ci écoulent dans la mer environ les 43 centièmes de l'eau reçue, le Danube en
écoulerait un peu plus de la moitié. C'est là un résul-
tat qui peut nous étonner, car le Danube, qui s'étale

si largement en bras morts et en fausses rivières dans la traversée des plaines de Hongrie et de la Valachie, doit perdre une énorme quantité d'eau par l'évaporation. Nous en concluons que la moyenne de 9180 mètres, admise par nous d'après M. Hartley, est trop élevée, et que les crues ordinaires de mai et de juin, pendant lesquelles s'écoule cette masse liquide, représentent un état du fleuve plus rapproché des grandes crues que des eaux basses. Quoi qu'il en soit, nous acceptons ce chiffre supérieur comme celui de la portée moyenne. L'insuffisance des fleuves de la mer Noire à fournir un courant de sortie pour toute la cavité du Bosphore n'en paraîtra que plus évidente.

Le Danube étant, à ma connaissance, le seul fleuve tributaire de la mer Noire dont la portée moyenne ait été mesurée, ce n'est que par approximation et par la voie indirecte de l'évaluation des pluies que l'on peut essayer de mesurer le débit des autres rivières. Immédiatement au nord du Danube s'épanche le Dniester, dont le bassin occupe une superficie d'environ 80,000 kilomètres carrés. La précipitation annuelle de pluie dans le bassin de ce fleuve diminue graduellement de l'amont vers l'aval ; dans la région de Lvov (Lemberg), elle est de 72 centimètres ; vers Kamienich elle est de 58 centimètres ; dans la partie inférieure du fleuve, à l'est d'Odessa, elle n'est plus que de 35 centimètres. Suivant une proportion calculée d'après les distances des stations météorologiques, on peut évaluer à un demi-mètre la précipitation de l'humidité dans l'ensemble du bassin. En admettant pour l'évaporation et la perte des eaux la même proportion que pour les fleuves de France, c'est-à-dire les trois cinquièmes, il resterait pour le débit du

Dniester une masse liquide de 450 mètres cubes. Le maximum de portée moyenne que l'on pourrait donner à ce fleuve est donc d'environ 500 mètres.

A l'est du bassin du Dniester, les pluies diminuent encore à cause de l'éloignement croissant des grands réservoirs maritimes et de l'horizontalité des plaines, que traversent les nuages sans se heurter au moindre obstacle. Durant une grande partie de l'année, ce sont les vents secs du nord-est qui prédominent, et pendant ce temps les pluies sont nulles, tandis que par un phénomène inverse, l'évaporation est fort active. La moyenne de la précipitation oscille de 50 à 55 centimètres dans la Russie centrale, près des sources du Bug et du Dnieper, mais comme dans le bassin du Dniester, elle décroît graduellement vers le midi ; dans le voisinage des limans, elle n'est plus que de 30 à 35 centimètres. On peut affirmer sans crainte de se tromper, que le maximum de la pluie pour les deux bassins du Bug et du Dnieper, soit pour une surface de 580,000 kilomètres carrés, ne dépasse et n'atteint même pas 45 centimètres de hauteur. Au moins les deux tiers de cette quantité d'eau doivent certainement se perdre en route, car précisément dans la partie la plus abondamment arrosée de leur bassin, les hauts affluents du Dnieper s'étalent en de vastes marais qui offrent une grande surface d'évaporation. En aval de ces immenses marécages, qui occupent des millions d'hectares, le Dnieper lui-même, privé d'une pente rapide vers la mer, doit s'étaler largement pour assurer son débit, et par cela même, offrir plus de prise au vent et aux rayons solaires qui activent l'évaporation de l'eau. Néanmoins, puisqu'il importe de fixer le maximum possible du débit fluvial, nous admettrons que l'écoulement du Dnieper et du Bug représente un tiers de l'eau tombée dans le bassin de réception. Cette masse liquide emportée vers la mer Noire serait de 2800 mètres cubes, soit de 3000 mètres, en nombres ronds. D'après cette évaluation qui, je le répète, est un maximum extrême, le Dnieper et le Bug réunis rouleraient donc un volume d'eau un peu moindre que le Nil. Les anciens avaient raison de classer le Borysthènes après le fleuve d'Égypte, mais ils se trompaient en lui assignant l'un des premiers rangs parmi les cours d'eau qui coulent sur la terre. A lui seul, le Danube, qui pourtant est un fleuve de deuxième ordre, roule trois fois autant d'eau que le Dnieper.

Après ces deux grands affluents de la mer Noire, tous les autres sont des courants de peu d'importance. Le Don lui-même, malgré la longueur de son cours et l'étendue de son bassin, qui est de 400,000 kilomètres carrés, est un fleuve peu abondant. Plusieurs de ses affluents ne l'atteignent que temporairement, pendant les pluies exceptionnelles, et leurs eaux, retenues au fond de cavités salines, s'évaporent en entier. La moyenne des pluies n'est dans la partie orientale du bassin que de 12 à 15 centimètres par an. Mais quand même la moyenne serait de 20 centimètres pour tout le versant de la mer d'Azof, l'écoulement total ne donnerait qu'un maximum de 900 mètres, soit, pour être plus large, de 1000 mètres cubes.

Proportionnellement, les torrents et les rivières de la Caucasie apportent dans la mer Noire une quantité d'eau beaucoup plus forte, à cause de l'abondance des pluies qui tombent dans cette région, et de la rapidité des pentes. A Redout-Kaleh, la précipitation annu-

elle est de plus d'un mètre et demi (157 centimètres);
à Koutaïs, elle est de 140 centimètres; en d'autres
localités, on a mesuré des quantités aussi considéra-
bles; mais dans la Caucasie, le versant tourné vers
la mer Noire est beaucoup moindre que celui de la
Caspienne, et par conséquent la région dont le trop-
plein s'épanche vers le Pont-Euxin ne peut contribuer
à en élever beaucoup les eaux. En évaluant à un mètre en moyenne la tranche d'eau qui tombe sur les
deux versants caucasiens du bassin de la mer Noire,
et à 120,000 kilomètres la superficie totale de la
contrée, en supposant en outre que la moitié de l'eau
tombée trouve son chemin vers la mer, le Kouban, le
Rion et les torrents de la montagne déverseraient ensemble une masse liquide de près de 2000 mètres,
deux fois l'apport du Don.

Mais à mesure que l'on s'éloigne du Caucase dans
la direction de l'ouest, la quantité des pluies diminue,
et les montagnes du littoral sont les seules qui soient
arrosées avec quelque abondance. Les observations
précises manquent à cet égard, mais une chose est
certaine, c'est que l'intérieur de l'Asie Mineure, ga-
ranti des vents pluvieux de la Méditerranée par les
chaînes côtières, est une contrée aride. Les eaux
courantes y sont rares; les cavités du plateau sont
emplies par un liquide stagnant où le sel se concen-
tre peu à peu; même le principal fleuve de l'Anatolie
septentrionale, le grand Kizil-Irmak, est quelque
peu saumâtre; d'où le nom de Halys que lui avaient
donné les anciens. C'est donc, nous le croyons, évaluer les pluies du nord de l'Asie Mineure à une
moyenne très-élevée, que de les porter à un demi-
mètre, comme celles du bassin du Dniester; c'est là

un maximum que des mesures précises abaisseront très-certainement. Sur un espace d'écoulement qui, de l'est à l'ouest, du fleuve de Tcharuk au Sakaria, est approximativement de 260,000 kilomètres carrés, le débit total des fleuves tributaires de la mer Noire, évalué au tiers de la chute des pluies, serait donc au plus de 1300 mètres cubes par seconde; mais il est fort douteux que la portée réelle de ces cours d'eau approche d'une quantité aussi considérable. C'est un extrême indiqué par approximation pour ne laisser aucune possibilité d'erreur en moins dans le calcul général du débit des affluents du Pont-Euxin.

En récapitulant les résultats extrêmes auxquels nous sommes arrivés pour chaque bassin tributaire : Danube, Dniester, Bug et Dnieper, Don, déclivités du Caucase, versant de l'Anatolie, nous trouvons que l'apport des eaux courantes dans la mer Noire est au plus de 17,800, soit 18,000 mètres à la seconde. Dans la notice dont nous avons parlé en commençant, M. Veniukoff n'essaie point de mesurer comme nous l'avons fait la portée moyenne des cours d'eau de la mer Noire, mais il émet l'idée que cette mer elle-même reçoit directement des nuages une quantité d'eau supérieure à celle que fait disparaître l'évaporation. Il suppose même, que la chute moyenne de la pluie sur tout le bassin est d'un mètre environ, et qu'il en reste un dixième pour augmenter le trop-plein de la mer et pour alimenter le grand fleuve marin du détroit de Constantinople. La superficie de la mer Noire et de la mer d'Azof étant de près de 450,000 kilomètres carrés, ces dix centimètres d'eau de pluie non évaporée représenteraient un débit supplémentaire de 1450 mètres cubes à la seconde; mais il nous semble, quoi qu'en dise M. Veniukoff, que l'évaporation doit être de beaucoup supérieure à 90 centimètres. En effet, sous la même latitude aux bords de la mer de Provence, l'évaporation annuelle, observée depuis trente années par M. Boyer, présente une moyenne de 1754 millimètres ; or, la chaleur des étés n'est guère moindre dans le bassin de la mer Noire que dans celui du Rhône, et si les hivers sont plus froids, ils amènent en revanche des vents terribles qui valent bien le mistral, et qui, plus encore que les rayons solaires, sont les grands agents évaporateurs. Il nous semble donc que, loin de recevoir des pluies une surabondance d'eau, la mer Noire doit en perdre au contraire par un excès d'évaporation. D'ailleurs, le chiffre de un mètre que M. Veniukoff donne comme la tranche moyenne de la pluie dans la mer Noire est beaucoup trop élevé. L'ensemble des observations faites dans les stations météorologiques du littoral ne justifie qu'une évaluation moins haute d'un bon tiers.

Le raisonnement basé sur l'étude de chaque partie du bassin et de la mer elle-même nous permet donc de considérer les 18,000 mètres d'eau apportés par les affluents de la mer Noire comme le grand maximum de l'eau qui cherche une issue par le Bosphore. Or, cette masse d'eau, fort considérable il est vrai, puisqu'elle est neuf fois plus forte que celle du Rhône à la « Fourque d'Arles, » est précisément d'un tiers inférieure à la capacité de portée du Bosphore dans le passage de Rouméli-Hissar et d'Anadoli-Hissar. Que faut-il en conclure ? Il n'y a que deux alternatives. Ou bien les observations faites sur le courant du détroit de Constantinople sont complétement à refaire et la vitesse des eaux a été exagérée d'un tiers par les observateurs, ou bien l'hypothèse d'un courant d'échange entre les eaux relativement douces de la mer Noire et les flots plus salins de la mer de Marmara est justifiée par les faits. Au-dessous du grand courant lancé par la mer Noire, passerait un moindre contre-courant se dirigeant vers le Pont-Euxin. Le détroit de Constantinople serait, comme celui de Gibraltar, une porte de croisement pour les flots. Il y aurait entre les deux bassins un phénomène d'exosmose et d'endosmose, analogue à celui qui se produit entre deux cellules pleines d'un liquide différent.

Avant d'avoir fait les calculs résumés ci-dessus, l'hypothèse des deux courants superposés nous paraissait déjà la vraie ; maintenant l'hypothèse contraire nous semble tout à fait inacceptable. L'étude comparée des fleuves tributaires de la mer Noire nous a fourni un premier argument à l'appui de notre théorie ; l'étude de la salure comparée du Pont-Euxin et de la Méditerranée nous en donnera un autre de valeur encore plus grande. Certes, l'observation directe reste toujours indispensable ; mais déjà le calcul suffit, croyons-nous, à lever les derniers doutes.

En effet, le réservoir de la mer Noire, quoique fort étendu et d'une grande profondeur, est cependant loin d'être immense en comparaison des masses d'eau douce que lui apportent les rivières affluentes. Ses plus grands abimes sont de près de 2000 mètres, mais en tenant compte de ses déclivités latérales, et des bas-fonds que forment les Palus-Méotides et leurs abords, on ne peut guère évaluer à plus de 1000 ou de 1200 mètres l'épaisseur moyenne des eaux dans l'ensemble du bassin. En multipliant cette épaisseur par la superficie de la mer Noire et de la mer d'Azof, on obtient pour la contenance approximative du réservoir maritime la quantité de 540 millions de millions de mètres cubes, ou de 540,000 kilomètres cubes. Or, l'apport de tous les fleuves étant évalué à 18,000 mètres cubes par seconde, soit à plus de 560 milliards de mètres par an, il en résulte qu'en moins de mille années, la masse d'eau douce apportée par le Danube et les autres fleuves du bassin suffirait à remplir la cavité de l'Euxin. Chaque année, un millième d'eau douce s'ajoute aux flots salés de la Mer noire, et, par suite des échanges que produit la différence des températures, se mélange intimement avec eux. La salure du mélange diminue d'autant et le courant qui s'échappe du Bosphore aurait pour conséquence inévitable de vider en dix siècles la mer Noire de toute eau salée, si un contre-courant méditerranéen ne remontait sous-marinement le détroit de Constantinople.

Il est vrai que nulle observation précise ne nous permet de dire si la salure de la mer Noire s'est maintenue sans changement ou bien si elle s'est accrue ou diminuée depuis l'époque historique. Une seule chose est certaine, c'est que l'eau était salée du temps des Scythes et des Grecs et qu'elle l'est encore de nos jours. Tandis que la mer Égée a le poids spécifique de 1029 millièmes, l'eau de la mer Noire a celui de 1016, c'est-à-dire que l'ensemble des sels qui s'y trouvent est de 18 millièmes, et que le chlorure de sodium y est seulement de 14 millièmes ; mais la mer Noire eût-elle été, à l'époque de l'expédition des Argonautes, aussi salée que le flot méditerranéen, elle serait déjà remplie d'eau complétement

douce depuis deux mille années, si la Méditerranée
ne travaillait sans cesse à renouveler la provision de
sel dans la mer tributaire. Il est à remarquer que de
nos jours le Pont-Euxin est un peu plus salé que la
mer Caspienne, avec laquelle il ne formait qu'un seul
bassin à une époque relativement moderne. D'après
les dosages opérés par M. de Baer, la moyenne générale de la salure de la mer Caspienne est de 9 millè-
mes. Ce fait semblerait impliquer que, loin de dimi-
nuer en salure depuis qu'elle est unie à la Méditerranée, la mer Noire est devenue au contraire plus
riche en sel marin.

On peut faire, à l'égard de la mer de Marmara, la
même série de raisonnements. Comment se fait-il que
cet étroit bassin, contenant au plus quatre ou cinq
fois l'apport annuel du Bosphore, soit pourtant plus
salé que la mer Noire? A quelle cause faut-il attri-
buer cette salure plus forte de quatre parties sur
mille, sinon au contre-courant invisible qui remonte
dans les profondeurs des Dardanelles? Enfin, pour-
quoi la mer d'Azof elle-même, quoiqu'en apparence
une simple expansion du Don, est-elle salée ou du
moins saumâtre, sinon parce que le détroit de Kertch
est également une porte à double courant? Aux trois
détroits nous nous trouvons en face du même phénomène d'échange. Les eaux relativement douces s'é-
panchent à la surface, tandis que dans la profondeur
remontent les eaux salées.

Il me paraît inutile d'insister davantage. Je me
bornerai, en terminant, à dire quelques mots d'une
idée émise par M. Veniukoff dans son article. Il pro-
pose de garder au moins une partie des eaux douces
qui se jettent dans la mer Noire, et de les verser dans

la cavité de la Caspienne, que le Volga est impuissant à remplir. De cette manière, pense M. Veniukoff, le climat serait notablement amélioré par l'exhaussement du niveau caspien; l'eau de la mer intérieure serait adoucie, et la culture des bords grandement facilitée.

Le projet est certainement réalisable, mais on peut se demander s'il vaudrait la peine d'y donner suite. La quantité de 1000 mètres cubes à laquelle nous avons évalué le module du Don étant supposée exacte, il ne faudrait pas moins de dix années à ce fleuve pour élever d'un mètre les eaux de la Caspienne, et trois cents années pour les exhausser au niveau du seuil qui les sépare du bassin de la mer Noire. D'ailleurs, l'évaporation croissant en proportion de la surface maritime, l'équilibre entre les pertes et les recettes de liquide s'établirait à un niveau supérieur de quelques mètres seulement à celui qui existe de nos jours. Dans quelle mesure le climat se trouverait-il modifié par ce changement de cours du Don? Il est difficile de le présumer; mais le titre salin de la Caspienne n'en serait que très-faiblement modifié et la Russie n'aurait point encore sa mer d'eau douce. Même si le détroit du Bosphore était changé en un canal éclusé, afin de permettre d'exhausser l'Euxin lui-même et d'en utiliser le trop-plein pour remplir la cavité caspienne, le titre salin des deux mers réunies serait environ de 12 millièmes, deux millièmes de moins que dans la mer Noire actuelle, trois millièmes de plus que dans le bassin d'Hyrcanie!

C'est d'ailleurs à un prix fort élevé qu'il faudrait payer l'avantage d'étendre le bassin de la Caspienne par les apports du Don. D'abord il faudrait sacrifier

Astrakhan et toutes les villes basses du littoral, ou en exhausser le socle de fondation, comme on l'a fait en Californie pour la ville de Sacramento, ou bien encore les entourer d'une ceinture de digues insubmersibles ; de même, il faudrait ou livrer aux eaux ou défendre par des levées énormes toutes les régions des côtes où se trouvent quelques cultures. Le seul grand avantage serait d'accroître les facilités de navigation jusque dans le cœur de l'Asie, du détroit de Constantinople au cours de l'Amou-Daria, rejeté en totalité ou en partie dans son ancien lit caspien.

Le succès du percement de Suez a fait surgir bien des projets grandioses pour un nouvel aménagement de la surface planétaire. On ne parle de rien moins que de changer la distribution de la terre et des eaux. Ainsi, M. Georges Lavigne a proposé d'emplir les chotts du Sahara d'Algérie, et son projet a été depuis bruyamment ressuscité sous un autre nom ; maintenant M. Veniukoff, non moins hardi, veut changer en mer les steppes d'Astrakhan ! Nous ne savons quelle destinée l'avenir réserve à ces deux projets, mais il nous semble que la réalisation en aurait une bien faible utilité, hors de toute proportion avec l'énormité du travail accompli !

Élisée RECLUS.